사랑꽃

박이현

Dica-Poem

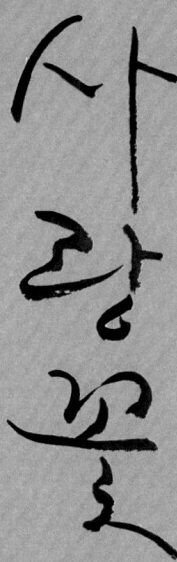

사랑꽃

필사시집

박이현

인테그로

저자 (글·사진) 박이현

▶ 국제PEN클럽회원, 한국문인협회원

▶ 성남시낭송협회 회장

▶ 아동심리상담사, 독서치유사, 시 낭송가

▶ 〈황송문학〉 고문

▶ 〈시끌림〉 문학 지도강사

▶ 성남중앙도서관 〈언어가 익어가는 창작글쓰기〉 강사

▶ 성남서현도서관, 위례도서관 〈창작 글쓰기〉 강사

▶ 야탑평생학습관 〈나도 작가, 말글쓰기〉 강사

▶ 저서

    시집   『누가 오시는가』

              『같은 세상을 살아도』

              『시반에게』

              『비밀 하나가 생겨났는데』

              『울 듯 울 듯 오도마니』

    산문집   『설해목』

詩를 쓰고 쓸하다,
삶을 그러하다.

백이현

** '사랑꽃' 사용법

시와 사진을 감상하면서
떠오르는 이야기를 적어보거나
필사하기, 이어 쓰기, 바꿔 쓰기, 새로 쓰기로
함께 시인이 됩니다.

차례

작가 소개

1부 | 한 번만 길게 울고 놓아주어라

사랑꽃 12
부탁 14
아까운 봄 16
군포 철쭉 18
영춘화 20
ㅅ 22
제비꽃 24
영혼의 등 26
나는 밟지 않았다 28
지금부터 30
꽃잎 이불 32
장미가 되고 싶은 날 34
장미가 되고 싶은 날 2 36
탁족 38
선유도 노을 40
견뎌내기 42
엄구럭 44
역지사지 46
배려 48
눈 오는 날의 기도 50

2부 | 울음 사이를 내가 건너간다

아침에 54
다른 방 56
이런 날 58
독소(獨笑) 60
혼자 가는 길 62
장미여관 64
비 오는 날 66
쉼터 68
화동(畵童) 70
예측 불허 72
화살 74
먼 길 가는 여자 76
누가 편 좀 들어줘요 78
마음이여 80
손수건 한 장 82
채추(採秋) 84
길 86
담금질 88
밥 90
낯선 맛 92

3부 | 하늘 보면 마음밭에 새겨지겠지

우리　96

나는 운명론을 믿지 않는다　98

보내고 나서　100

우문(愚問)　102

무두질　104

시의적절(詩意適切)　106

시반(詩伴)　108

뭐가 어렵나요　110

나는 춘천에 가고 싶지 않다　112

긴급 전화　114

긴급 전화 2　116

울 듯 울 듯 오도마니　118

위안　120

사랑이여　122

유언　124

천국 가는 길　126

설해목　128

당신은 꽃입니다　130

편집후기

1부

할머만걸게될은날안주아라

사랑꽃

봄소식 달려와 사랑 증명서 발급해 달라기에

마음 버튼 꾸욱 눌러 직인까지 찍어줬다

마음 속도 초과입니다. 증명서 보여주세요

사랑꽃이 피었군요. 통과입니다

20 . . .

부탁

천성암 벚꽃 터널로 다들 꽃 보러 오는데
벚낭구 등허리로 선머슴 이마 여드름 터지듯
툭툭 불거지는 연두 싹 잎 씩씩하다
끌고 가든 밀고 가든 허부쟁이 나 좀 데꼬 가
오는 봄이 힘에 부친다

20 . .
****

아까운 봄

벚꽃 그늘에 앉아볼 거라

자전거 벚꽃길 달려볼 거라

벙글었는데

자전거 아저씨 문 걸어 잠그며 일찍 오셔

몇 번이나 볼까 저들끼리 피어나겠지

20 . . .

군포 철쭉

혹시 모른다

철쭉 이미 지고 난 공원을 돌며

늘 함께할 것이라는

붉은 마음

남겨두고 왔는지도

20 . . .

영춘화

지난날 무슨 걱정이 많았는가

첫 봄날 함박 별등 켜 놓고

기다리는 이 누구신가

시도 못 쓰면서 발문발문

꽃불만 따라가는 천둥벌거숭이

20 . . .

ㅅ

살아 있다는 뜻이다

천리향은 천 리로

만리향은 만 리를 향기 날려 보낸다는데

십 리도 못 가면서 살아 있네

20 . . .

제비꽃

이슬도 짐이었나 굽은 등이 애닯다

어쩌자고 아픈 자리에만 앉아

땅에 다시 입을 대고 있는가

헌 솜 같은 기억들 한 번만 길게 울고 놓아주어라

한 굽이만 돌면 천애(天崖)로 가는 길이니

20 . . .

영혼의 등

바람 안고 예 오느라 애쓰셨다

파도는 말없이 등을 밀어주고

하늘도 가만 침을 삼킨다

지금은 숨 고르는 중

먼 길 영혼도 쉬어가야지

20 . .

나는 밟지 않았다

묘뚱지 옆을 지나는데
이리저리 내 튀다가
옷섶으로 오른 여치여
밟히지만 마라
밟혀보니 무너지더라

20 . . .

지금부터

금등화 걸터앉은 담장이 흔들린다

흔들리지 않으면 물고기를 버리고

*웅장을 탐할 이유도 없지

*웅장: 곰 발바닥

20 . . .

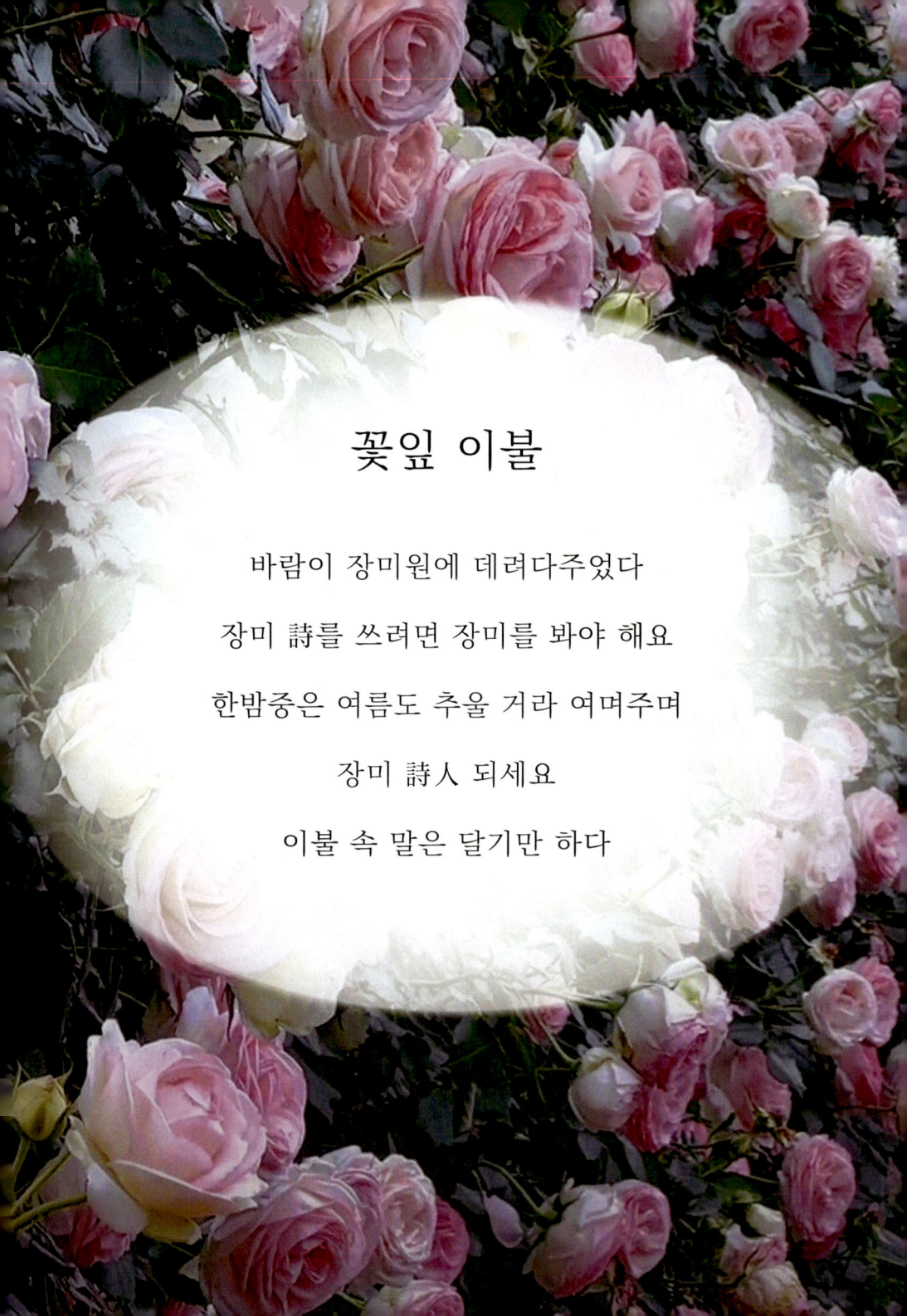

꽃잎 이불

바람이 장미원에 데려다주었다

장미 詩를 쓰려면 장미를 봐야 해요

한밤중은 여름도 추울 거라 여며주며

장미 詩人 되세요

이불 속 말은 달기만 하다

20 . . .

장미가 되고 싶은 날

사랑도 역사 뒤에서 아파하는 6월

저토록 붉디붉은 백만 송이

좋으요, 정말 좋으요

꽃잎 날리면 곡진하던 사랑도

신앙이 되어 울게 된다오

20   .   .   .

장미가 되고 싶은 날 2

사랑이 시작되기도 하고

끝나기도 하는 6월은 장미의 시간

떨어져 누운 붉은 꽃잎

쓰러지는 세상 힘차게 붉은 새로 날아오르다

20 . . .

탁족

이래저래 찾아드는 배알미 계곡

두 마리 거위가 눈알 떼룩 굴리며

뭔 일로 쳐들어왔냐고 끄억인다

울 일이 많아서 씻으러 왔다니

얌전히 길 비켜 계곡을 내어준다

20 . . .

선유도 노을

푸르다가 붉어지는 건

살아 견디는 중이라고 믿을게

혼자서도 잘 갈 때까지

괜찮다 말할 때까지 견디기야

잘 지낼 텐데 왜 눈시울 붉어지는 거냐

20 . . .

견뎌내기

저녁 강이 노을에 볼을 데어

발그데데하다

서로 잘 견뎌주었다고 주억이며

강에게 손 흔드는 노을

남은 건 어둠뿐이어도 꿈이 된다

20 . . .
****

엄구럭

힘줄 불거진 손등 보며 명치 콱 메어온다

이렇게 사는 게 맞나

빗소리 쥑인다던 그도 동병일까

오백 년 노거수 이누마, 엄구럭 떨지 말그라

재 너머 *돌복성도 익는다

*돌복성: 야생 복숭아

20 . . .

역지사지

벚나무 등허리에 못을 박고

검정 봉지 걸어두었네

손에 닿기 좋게 잘도 걸었군

네 등짝에 대못 하나 박았다는 생각은 안 해 봤어?

못된 양말장수야!

20 . . .

배려

가로수 길을 걷는데

한쪽 버즘나무가

다른 한쪽 메타세콰이어 나무에게

몸을 살짝 비틀어 주었다

저는 정작 가생이에서 비를 맞으며

20 . . .
****

눈 오는 날의 기도

밤사이 다녀가셨네요

새 한 마리 가지 끝에서 기도문을 외우고

한 마리는 아래쪽에 앉아 가만 듣는 새벽

또 한 차례 눈 다녀가신다면

내일 없는 이를 위해 간절히 기도하겠어요

20 . . .

2부

죽음 사이를 넘나들다...

아침에

차창으로 들어오는 봄볕이 좋다

눈물 올칵 솟는다

아프지 않고 일 나갈 수 있어서

마음에 걸어둘 이름들이 있어서

그리고 웃을 수 있어서

20 . . .
****

다른 방

방은 원래 어두워

빛이 오면 그때서야 보이지

빛도 문도 내가 만들어 드나들었어

마음 고리에 돌쩌귀 달아

늘 열어 놓지 않으면 다시 어두워지지

20 . . .

이런 날

꿀꿀하지?
아무것도 하지 말고
들판으로 나가
바람이 하는 말 들어 봐
등이 시려올 때까지

20 . . .

독소(獨笑)

맨발의 자갈길

기우뚱 돌부리에 부딪다가

다시 일어서 걸어간다

*아비가 절약하면 자식이 방탕하고

 꽃이 피면 바람이 망쳐놓는구나

　　　*정약용의 〈독소〉 중에서

20 . . .

혼자 가는 길

어둑한 길 따라 걸어가다

문득 하늘 올려다보네

빛을 따라가는 일은

꽃을 피우기는 하겠으나

씨방에 갇혀 울기도 하네

20 . . .

장미여관

6월 담장

개업 간판 하나

초록 이불 붉은 베개

가시에 지독히 찔려 본

상처 있는 손님만 받음

20 . . .

비 오는 날

어디선가 본 듯한 이가

빗속을 걸어가고 있네

다 젖는 줄도 모르고

따라서 젖으며 가네

사는 일은 함께 젖는 거라네

20 . . .

쉼터

발등 소복하도록

깨금을 치다 달려오면

언제고 받아줄게

너처럼

20 . . .

화동(畵童)

참 이상한 일이에요

떨어지지도 않는

달을 주워다 어디다 쓰려는 걸까요

달 그림을 마저 그려야 할까요

20 . . .

예측 불허

들썩불끈 우겨대면

아무도 못 말린다

혼자 최고로 살다 죽어라

잘났다. 잘났어. 증~말

마음 밖으로 달아나는 아쉬운 풍경

20 . . .

화살

홧김에 핏대 세운 일로

피 흘리는 건 나다

이름만으로 충분한데

힘줘 봐야 쇳소리 나는 촉뿐

휘어지기만 하는 주견을 명중하라

20 . . .

먼 길 가는 여자

금 가고

귀 떨어진

마음을 고치는 모양이다

20 . . .

누가 편 좀 들어줘요

나도 내가 맘에 안 드는데

누가 맘에 들어 하겠어요

조금 참으면 좋을 테지만

머리에서 가슴까지 천리만리인걸요

내 편이라고 생각했는데 돌아보니 저만치

20 . . .

마음이여

섭섭해하지 않기

애써 외면하기

조심 쓰다듬기

한 발 뒤로 물러서기

저편에서 바라보기

20 . . .

손수건 한 장

누군가 눈물 흘릴 때

말없이 다가갈 수 있다면

젖어들든 찢어지든

아무래도 괜찮아

20 . . .

채추(採秋)

오, 오

따로따로 울지 말라

두려운 가을 또 오고

울음 사이를 내가 건너간다

20 . . .

길

길을 간다는 건

삶이 통째로 따라가는 것

함께 간다는 건

그쪽 삶도 지고 가는 것

20 .   .   .

담금질

서러워 파랗게 달아 쉬익쉬익 소리지른다

푸르다 못해 검은 추억이 부스러지고

바알갛게 벼려지는 오기

다시 날을 세우는 시간

생애 가장 뜨거운 곳으로부터 받는 호출

20 . . .

밥

밥은 왜 따스해야 맛나는가

밥을 위해 애쓴 이의 마음이 뜸들어서다

찬밥은 왜 싫은가

밥을 그리다가 식어버린 아픔이 들어있어서다

허기를 쫓아주기도 목메이게도 하는 영물이다

20 . . .
****

낯선 맛

정 맞게 쏜 빛이 아니었음에도

멀리서도 솟아올랐다

세상이 빛으로 물들었다

생애 처음 본 맛이 멋대로 번졌다

그냥 두었다

20 . . .

3부

하늘나라 마음을 받아서 겨자씨 개지

우리

박이현

사노라니 안타까이
잊혀지겠지
생각하면 자꾸
깊어지겠지
하늘보면 마음밭에
새겨지겠지

20 . . .

나는 운명론을 믿지 않는다

별똥별 떨어지고

누가 하늘로 올라갔을까

불우함마저도

빛이 나게 닦아보자

20 . . .

보내고 나서

엄마, 잘 계셔?

가고 나니 알겠네

함께 있을 땐 몰랐던

너절한 일이 보석처럼 빛이 나네

20 . . .

우문(愚問)

詩人은 외로워야 한다고요

해도 너무 하시지

시를 잘 쓰게 하시든가

외로움을 덜 타게 하시든가

벌이라면 달게 받기는 하겠으나

20 . . .

무두질

詩 냄새 나는 사람들을 만났다

물그림자 카페에서 건차를 외쳤다

시 못 쓰는 6월 속울음 삼키며

詩 그림자만 물속으로 밀어넣었다

시영장(詩泳場)서 함께 헤엄치고 싶어서

20 . . .

시의적절(詩意適切)

15년째 주택가 골목에서 책방 하는

독서당 님을 만나 손인사를 나누었다

서로 대단하다고, 굶지 않고 살았다고

시집만 가득한 책방을 갖고 싶다니

곧장 맘에 딱 드는 간판 이름을 지어준다

20 . . .

시반(詩伴)에게

가을이 왔네

허리 시리지 않아 좋으나

더욱 허기가 찾아오네

어쩌자고 시작했을까

어찌하려고

20 . . .

뭐가 어렵나요

밭 한 뙈기에 야채 심고

먹을 만큼 농사짓고

그냥 바라보고 웃으며

밤에는 시 쓰는 일이 뭐가 어려워

일평생 생각만 하는 바보 멍충이

20 . . .

나는 춘천에 가고 싶지 않다

춘천에 가고 싶은 마음이 없다면

이미 늙어버린 것이라는데

다음 역은 가을이라는데

잊으신 추억은 없는지 살피라는데

무엇 때문에 다시 오르는가

20 . . .

긴급 전화

급히 와야 해요

떠나려고 해요

아직은 더 있고 싶은데

따라가게 될 지도 몰라요

모서리 마음이 떨고 있어요

20 . . .

긴급 전화 2

그동안 고마웠어요

여러 일도 많았지만

웃게 해 줘서 좋았어요

안녕, 메멘토 모리

먼저 갈게요

20 . . .

울 듯 울 듯 오도마니

어느 시인은 한 사람이 떠났는데

서울이 텅 비었대

울 듯 울 듯 오도마니

자고 나도 여전해

20 . . .

위안

외아들을 잃은 여인이 현인(賢人)에게 달려갔대

슬픔 없는 집 겨자씨를 가져오면

아들을 살려주겠대

여인은 몇 집도 못 다니고

울음을 그쳤대

20 . . .

사랑이여

처음에는 아무것도 없었는데

숨결 한 가닥으로 생겨나서

뜨겁게 맴을 돌다가

생피 흘려가며 앓다가

필생의 업으로 못 박히고 마는

20   .   .   .

유언

앞마당 수도 앞엣놈이 3층 꺼구

뒤엣놈이 1,2층 꺼란다

한밤중 벽에서 물이 뛰쳐나오거든

그놈도 아픔 못 견뎌 그러니 놀라지 말고

엄마 누운 쪽으로 꼭지를 막아주렴

20 . . .

천국 가는 길

그 길

벚꽃 물안개 길

천국 가는 길이면 좋겠네

울면서 가다가 고마웠노라

인사하고 가겠네

20 . . .

설해목

껴안다가 견디다가

잉걸로 뛰어들어 재가 되기로 결심한다

고승의 열반송이 새벽을 뚫는다

20 . . .
****

당신은 꽃입니다

세상 꽃 다 져도

당신 거기 있으니

나는 다시 살고 싶습니다

20 . . .

** 나의 창작시

편집후기

봄빛 흐드러지던 4월, 일주일에 두 시간의 지역도서관 글쓰기 수업에서 박이현 선생님을 처음 뵈었다. 온화한 미소와 부드러운 자태로 토씨 하나 흐트러짐 없는 강의를 해 주시고, 수강생들의 작품도 한 글자 한 글자 정성껏 짚어 주시는 모습을 보며 오랫동안 시를 쓴 사람은 저렇게 맑고 화사한가 보구나 하는 느낌을 받았다.

선생님 책을 만들고 싶다고 부탁드리니 흔쾌히 내주신 원고를 읽고 먹먹함에 사로잡혀 잠시 동안 작업에 들어가지 못했다. 짧은 시에 등장하는 꽃, 사람, 일상들이 빛나는 찰나의 아름다움으로 황홀하게 스러져가는 것을 보았다. 그것을 좀 더 붙들어 돌에 새기고픈 언어의 안간힘으로 시인은 마주치는 존재를 향해 지그시 눈 맞추고 쓰다듬으며 저마다의 이름을 불러 준다. 그리고 그 엄연한 유한함을 애도하고 축복하며 담담하게 놓아보내고 있었다.

그 얘기를 들어 보고자 도시 언저리의 호젓한 밥집에서 시인을 만났을 때도 차를 세우고 출입문을 향하는 사이 계단 아래 옹기종기 피어 있는 한 움큼 채송화를 굽

어보며 짧은 경탄과 함께 나지막한 목소리로 이름을 불러주시는 것이었다. 넉넉한 마음으로 끊임없이 주변을 살피면서 사라지는 것들을 가슴 안으로 들여 꼿꼿한 언어로 되살리는 일이 시인의 소명인 것 같았다.

늘 정갈하고 유쾌하신 시인께서 곱고 연약한 것들의 시간을 차곡차곡 담아두는 마음은 무엇이었을까. 문득 덧없이 널브러져 시나브로 바래 가는 내 작은 세상이 소중하고 가여워 주위를 두리번거린다. 사람에게 비추어 나의 삶으로 돌아오는 울림, 詩의 힘이다.

'사랑꽃' 전자책에 이어 종이책을 만들면서, 감상만 할 게 아니라 시인을 따라 함께 써 보면 좋겠다 싶어 종이책에는 필사 페이지를 추가했다. 필사도 하고, 읽으면서 떠오르는 생각이나 느낌을 적어 보기도 하고, 독자의 시적 상상력을 발휘하여 이어 쓰기, 바꿔 쓰기, 새로 쓰기 등을 하면서 마지막에는 자신만의 작품을 적어 넣을 수 있게 구성했다. 시를 좋아하는 분들이 재미있게 활용하면서 위안과 기쁨의 시간이 되었으면 한다.

Dica-Poem
사랑꽃 필사시집

발행일 2025년 8월 25일
글·사진·캘리그라피 박이현
펴낸이 김혜정
펴낸곳 인테그로
주소 경기도 성남시 분당구 성남대로 916번길 11 글라스타워 5층
출판사 신고번호 제025-000074호
E-mail integrobooks@naver.com
ISBN 979 11 992819 29

책값은 뒤표지에 있습니다.
잘못 만든 책은 구입하신 서점에서 바꾸어 드립니다.
이 책은 저작권법에 따라 보호받는 저작물이므로 무단전재와 무단복제를 금합니다.